나를 다시 들판에 풀어 놓아도 될까요

나를 다시 들판에 풀어 놓아도 될까요

시산맥 기획시선 153

초판 1쇄 인쇄 | 2025년 7월 20일
초판 1쇄 발행 | 2025년 7월 25일

지은이 유애선
펴낸이 문정영
펴낸곳 시산맥사
편집주간 김필영
편집위원 최연수 박민서
등록번호 제300-2013-12호
등록일자 2009년 4월 15일
주소 03131 서울특별시 종로구 율곡로 6길 36. 월드오피스텔 1102호
전화 02-764-8722, 010-8894-8722
전자우편 poemmtss@naver.com
시산맥카페 http://cafe.daum.net/poemmtss

ISBN 979-11-6243-603-5 (03810) 종이책
ISBN 979-11-6243-604-2 (05810) 전자책

값 12,000원

* 이 책은 전부 또는 일부 내용을 재사용하려면 반드시 저작권자와 시산맥사의 동의를 받아야 합니다.
* 이 책은 교보문고와 연계하여 전자북으로 발간되었습니다.
* 본문 페이지에서 한 연이 첫 번째 행에서 시작될 때에는 〈 표기를 합니다.
* 저자의 의도에 따라 작품의 보조 동사와 합성 명사는 띄어쓰기가 달라질 수 있습니다.

나를 다시 들판에 풀어 놓아도 될까요

유애선 시집

| 시인의 말 |

엉겅퀴는 엉겅퀴꽃을 피우며 살아
제 몸에 가시가 돋아도 불평 없이
달개비는 달개비꽃을 피우며 살아
사람들이 잡초라고 뽑아 던져도

남들이 알아주지 않아도
척박한 땅에 살아도
너도 너의 꽃을 피우며 살아
가진 게 없는 빈손이라도

2025년 한여름
유애선

■ 차 례

1부

오늘	19
우리 집	20
좋은 생각	21
행복의 조건	22
시골에 뜨는 달과 도시에 뜨는 달	24
참 좋은 말	25
남편	26
아내	27
개망초꽃과 채송화꽃	28
꽃씨를 뿌리며	29
그리움이 무럭무럭 핀 날	30
보름달	32
봄까치꽃	33
작은 골목길	34
옛 고향이 돌아왔다	35
나를 기다리느라 목이 점점 길어지는 함박꽃밭	36
여름밤	38
추석 반달	39

2부

너의 꽃	43
붓꽃	44
걷겠습니다	45
풀꽃에게 배우다	46
친정에 왔더니	47
어느 봄날	48
그리운 나의 집	49
새콤달콤한 상상	50
아버지	51
전업주부의 힘	52
숲	54
웅덩이	55
아까시아 숲	56
부부	57
설악면 산골 친구	58
잃어버린 날들	60
하늘 아래 아파트	62
매화꽃	63

3부

가족	67
골목은 봄볕을 품고 있다	68
꽃	69
동그라미	70
나를 다시 들판에 풀어놓아도 될까요	72
나무에게 배우다	74
혜숙 할아버지네 툇마루	75
싸리나무 울타리	76
엄마	78
여행	79
연못 안 참개구리들	80
그때	82
꽃을 보며	83
머리카락도 안보인다	84
딸	85
봄	86
북한강에서	87
약속	88
쑥개떡	89

4부

물	93
나는 그녀가 읽어주기를 기다리는 사람 같아요	94
내가 사는 법	96
예쁜 여자만 좋아하는 아들아	98
봉숭아꽃과 강아지풀	100
어디로 사라졌을까	101
오늘 내가 잘한 일	102
잔잔한 풀밭 같은 한낮	103
볕 좋은 날	104
삼월의 흙	106
푸른 언덕	107
어른이 된 이후	108
말의 힘	109
오월 어느 날	110
너에게 받은 사랑을 나눠야겠다	111
나에게 별	112
다정한 사이	113
반품	114
어두운 기억	115

1부

오늘

오늘은 꽃물 든 손톱을 보며
봉숭아꽃에게 고맙다고 말했네
손톱으로 할퀴지 않고
나를 미워하는 사람에게 친절하게 대했다고
너처럼 환하게 웃었다고
내 마음 한구석이 밝아졌다고

우리 집

사철 웃음소리 들렸다

봄에는 뒤란에 앵두꽃 피고
여름엔 안마당에 백일홍꽃 피었다
가을엔 텃밭 옆에 국화꽃 피고
겨울엔 우물가에 동백꽃 피었다

다 우리 가족이었다

좋은 생각

나를 낳아준 부모님을 원망하지 않기
내가 낳은 자식도 미워하지 않기
내가 선택한 남편도 서운해하지 않기

원망이 없으면 내 마음도 착해져서
부모님께 고맙습니다 말하게 되고
미움이 없으면 내 마음도 고와져서
자식들에게 예쁘다 말하게 되고
서운함이 없으면 내 마음도 순수해져서
남편에게 사랑한다 말하게 되고

하루하루가 명랑하고
웃는 날이 된다는 걸 나는 알지

나에게 맞게 상대방을 고치려 하지 말고
내가 뉘우치면 화낼 일도 없다는 걸
좋은 생각만 하면 행복하다는 걸
인생의 절반을 넘어 이제 알았네

행복의 조건

어릴 적엔 사는 게 참 재미났습니다
뒷동산에 사는 참새들이 머리맡에까지 날아와
짹짹거리며 아침을 깨웠고
닭장 안 장닭도 횃대에 올라
꼬끼오 하고 잠을 깨웠습니다
눈 비비며 방문을 열면
아버지는 마당을 쓸고
어머니는 아궁이에 불을 지피고 있었습니다
보리밥에 김치가 전부였지만
오빠와 언니가 있었고 동생도 있어서
집 안은 늘 웃음소리가 넘쳤습니다
마당 한가운데 봉숭아꽃밭엔
고추잠자리 호랑나비 꿀벌들이 날아와
하루 종일 놀다 갔습니다
그러나 지금은 핸드폰 알람 소리에 눈을 떠 보면
아버지가 없습니다
멀리 사는 어머니와 언니 오빠 동생도 못 본 지 오래입니다
남편은 사업하느라 앉을 새도 없고
일찍 시집간 딸은 주말마다 여행 다니느라 바쁘고
서른을 훌쩍 넘긴 아들은

자정이 되어서야 도서관에서 돌아옵니다
종일 서성거려도 꽃밭은 주차장으로 변해
고추잠자리 호랑나비 꿀벌들이 놀러 오지 않습니다
고기반찬과 과일이 냉장고에 넘쳐나지만
그때가 참 좋았습니다

시골에 뜨는 달과 도시에 뜨는 달

시골 감나무 위에 뜨는 달은 이웃처럼 가깝다
도시의 달은 아찔한 빌딩꼭대기에 걸려 있다

달은 하나인데 왜 시골의 달은 낮게 뜨고
도시의 달은 높게 뜨는 걸까

시골의 달은 내가 부를 때 대답하고
도시의 달은 내가 불러도 모른 척한다

감나무 위에 걸린 달은 솥뚜껑만하지만
빌딩 위에 걸린 저 달은 밥공기만하다

참 좋은 말

내가 곰솥 같은 사람이 된다면
거리에 넘치는 거친 말들을 푹푹 고아서
힘들면 위로하는 따듯한 말로 우려낼 수 있을까

아침에 전장 같은 세상에 나갔다가
저녁에 부상병처럼 절뚝이며 돌아오는 세상
내일은 또 얼마나 많은 싸움이 기다리고 있을까

거리에 넘치는 나쁜 말들을 뽀얗게 고아서
맛있게 우려낼 수 있다면
나뭇가지에서 지저귀는 참새처럼
맑은 소리를 낼 수 있다면

남편

이 세상 살면서 내가 잘한 일이 하나 있다면
그건 바로 우산 같은 남자와 결혼한 일이다
값비싼 명품은 아니지만 튼튼한 우산살과 환한 빛깔로
천둥 번개에도 끄떡없이 살아온 지금
나는 무엇 하나 부러운 것이 없다
칠월에 장마가 퍼붓던 날 영등포역 앞에서
그를 보고 첫눈에 반했다
자기가 젖는 것도 모르고
온몸을 활짝 펴서 씌워주던 사람, 나는
이 사람이 바로 내가 찾던 우산이라는 걸 첫눈에 알았다
덕분에 비 한 방울 안 맞고 살아온 날들은
꽃잎처럼 아름다웠고 비가 와도 행복했다
우산은 내게 참 많은 것을 주었다
평생 비만 맞고 살아온 우산이 가진 거라곤
낡고 녹슨 몸뚱이 하나
사랑하는 사람을 위해 온몸을 적신 사람
받고만 살아온 나는 너무 고마워서
오늘 아침에도 빗속으로 출근하는 우산의 굽은 어깨를
살며시 안아 준다

아내

이 세상 살면서 내가 잘한 일이 하나 있다면
그건 바로 곰 같은 여자와 결혼한 일이다
값비싼 아파트는 아니지만
깜깜한 굴속에서도 끄떡없이 살아온 지금
나는 무엇 하나 부러운 것이 없다
칠월에 장마가 퍼붓던 날 영등포역 앞에서
그녀를 보고 첫눈에 반했다
자기가 젖는 것도 모르고
우산 하나를 내게 내밀던 여자, 나는
내가 찾던 곰이라는 걸 첫눈에 알았다
덕분에 비를 피하며 함께 살아온 날들은
비바람이 불어도 행복했다
곰은 내게 참 많은 것을 주었다
평생 그 쓴 쑥과 매운 마늘만 먹고 살아온 곰이 가진 거라곤
사랑하는 사람을 위해 평생을 바친
손바닥 발바닥이 닳은 몸뚱이 하나
오늘 아침에도 부엌에서 밥을 하는 곰의 작은 어깨를
살며시 안아 준다

개망초꽃과 채송화꽃

장미꽃은 개망초꽃만 보면
나처럼 가지치기하고 예뻐져라 예뻐져라 뽐낸다
하지만 몸에 가위 한번 댄 적 없는 개망초꽃은
짓무른 피부에 진딧물살충제를 뿌려대는 장미꽃을
부러워하지 않는다

해바라기꽃도 채송화꽃만 보면
나처럼 많이 먹고 키 좀 커라 키 좀 커라 우쭐댄다
하지만 꼭 필요한 만큼만 먹는 채송화꽃은
씨앗 욕심에 목도 못 가누는 해바라기꽃을
부러워하지 않는다

장미꽃은 자기가 세상에서 제일 예쁜 줄 알지만
해바라기꽃도 자기가 세상에서 제일 키 큰 줄 알지만
개망초꽃과 채송화꽃은
어떻게 사는 것이 예쁘고 키 큰 꽃인지
너무나 잘 알고 있다

꽃씨를 뿌리며

내가 만난 사람들은 모두 꽃이 되기를
더 이상 비가 오지 않아도 모두모두 꽃을 피워
이 세상이 모두 꽃밭이 되기를

내가 만난 사람들은 백일홍처럼 오래오래 피어있기를
따듯한 바람이 불지 않아도 자꾸자꾸 꽃을 피워
나비들이 놀다가는 꽃밭이 되기를
햇살이 앉았다 가는 쉼터가 되기를

나는 왜 당신의 꽃이 되지 못하고
당신에게만 나의 꽃이 되어 달라 했는지
나는 왜 당신의 꽃밭이 되어 주지 못하고
당신에게만 나의 꽃밭이 되어 달라 했는지

이 나이 먹어서야 겨우
꽃피우는 법을 알았네

그리움이 무럭무럭 핀 날

엄마를 만나러 왔습니다
오는 길에는 개망초와 메꽃 인동꽃이 많이도 피었습니다
당신이 어린 딸 손잡고 걸으며 한숨을 내려놓았을 시장 골목 옷가게며 한참을 망설였을 생선가게 앞이며 싸구려 파마를 말던 미용실 앞을 지나왔습니다

흰옷 입고 앞산으로 올라가신 아버지 사진을 껴안은 채
한 움큼 한 움큼 눈물을 삼키고 있을 당신 생각을 켜놓고
부지런히 걸음을 옮겼습니다

아버지가 빗자루를 들고 오가던 앞마당에는 쓰레받기가 그대로 있고
손을 씻던 수돗가에는 낡은 플라스틱 대야가 아직도 있습니다
아버지와 티격태격 채널 싸움을 하던 텔레비전을 혼자 독차지했는데도
당신은 시든 풀잎처럼 생기가 없습니다

결혼은 왜 부모와 자식을 생이별시키며 축가를 부르고
죽음은 또 왜 사랑하는 사람을 억지로 갈라놓으며 훼방을

놓는 걸까요
 그리움이 무럭무럭 흐드러진 날 자꾸만 마음이 술렁거려 엄마를 만나러 왔습니다

보름달

남의 좋은 점을 발견할 줄 아는
밝은 눈이 되겠습니다
남의 허물을 함부로 말하지 않는
무거운 입이 되겠습니다
남을 쓰다듬을 줄 아는
따듯한 손바닥이 되겠습니다
남의 자랑을 들어줄 줄 아는
정직한 귀가 되겠습니다
일어나지도 않은 일에 대한 근심 걱정을 벗어버리고
둥글게 둥글게 웃겠습니다

나는 어두운 세상을 환히 밝히는
보름달 하나 품고 살아갑니다

봄까치꽃

모처럼 동네 한 바퀴를 걷는데
누가 발밑에서 아는 척을 하네
내려다보니 봄까치꽃이
보랏빛 봄을 들고 겨울을 건너왔네
삼월이 왔다고 제일 먼저 알려 주네
너무 반가워
예쁘다 예쁘다고 몇 번을 말했네
봄까치꽃이 핀 아침
낮게 엎드린 봄이
강둑으로 쏟아져 나왔네

작은 골목길

나는 너무 불행했네
주변 큰길들은 모두 차를 타고 빨리 달리는데
자전거로 천천히 갈 수밖에 없어

그런데 땀을 뻘뻘 흘리며 걸어가던
나보다 더 작고 볼품없는 길이 말을 걸었네
넌 정말 아름답구나
내 이름은 언덕길인데 네 이름은 뭐니

나보다 더 작고 볼품없는 길의 칭찬에 우쭐했네
그러나 아무 대답도 할 수가 없었네

언제나 불평불만만 늘어놓았을 뿐
내가 누구인지 한 번도 생각해 본 적이 없어

옛 고향이 돌아왔다

산딸기와 개암 진달래꽃과 보리수를 내밀던 앞산
쑥과 돌나물을 뜯던 다랭이 논두렁 마름이 떠 있던
동네 입구 작은 연못이 왔다

배추와 무를 씻던 앞 개울 누에 팔 날만 기다리던 뽕밭
미루나무를 붙잡고 울던 매미 소리도 왔다

휘파람 불며 지게를 지고 가던 총각들과
콩 자루 팥 자루를 이고 장에 가던 아주머니들과
젖먹이를 등에 업고 소죽을 끓이던 열아홉 살 순자 언니가 왔다

가정방문을 다니던 앳된 초등학교 선생님과
선생님께 허리 굽혀 인사하며 옥수수를 쪄내 오던 학부형들과
만나기만 하면 밥 먹었냐고 묻던 옆집 할아버지가 왔다

아침저녁 연기 피우던 굴뚝 집집마다 숟가락 부딪치던 소리
꼬꼬댁 소리로 시끄럽던 닭장도 왔다
잠자리 잡고 구슬치기하며 놀던 아이들도 왔다

옛 고향이 돌아왔다

나를 기다리느라 목이 점점 길어지는 함박꽃밭

새벽에 내린 비로 나뭇가지들은 한 뼘이나 자라
초록은 더 선명해졌습니다
바람은 아까시꽃처럼 향긋하고 하늘은 눈부시게 파랬습니다

올해도 어김없이 붉은 꽃바다가 되어있을 창의리 함박꽃밭
나를 기다리느라 목이 점점 길어지고 있을 꽃밭을 생각하며
텅 빈 고속도로를 달렸습니다

엄마 아버지가 호미를 들고 엎드려 있던 꽃밭으로 달려가
함박꽃 같은 얼굴을 실컷 보고 싶었습니다

음매 음매 송아지처럼 달려가면
키 크고 잘생긴 아버지와
늘 머릿수건을 쓰고 있던 엄마가
아직도 꽃밭에 있을 것만 같습니다
밭고랑에 호미를 던지고 달려 나올 것만 같습니다

다음날도 다음날도 나는
앞산으로 올라가신 아버지와 아픈 엄마가

다시 행복했던 그 시간으로 돌아가
꽃밭에 있을 것만 같았습니다

여름밤

여름밤에는 대청마루에서 잔다
초저녁부터 신나서 빼곡하게 나와 있는 별들
환한 달빛

마루 위에는 모기장
모기장 안에는 엄마 아버지 언니 오빠 동생
웃고 장난치며 나란히 누워 잔다

뒷동산 밤나무 숲 시원한 바람도
대청마루로 불어오고
마당에선 밤늦도록 풀벌레들이 찌르르 찌르르

여름밤에는 모두 대청마루에서
한 이불을 덮고 잔다

추석 반달

맨발로 달려 나가는 시어머니가 보름달입니다
영정사진 속 웃고 있는 시아버지도 보름달입니다
오랜만에 만난 누나 매부 남동생 여동생 조카와 함께
거실 한복판을 비추는 남편도 보름달입니다

온 집 안이 달빛입니다
부엌에서 반쪽이 된 나와 동서만 반달입니다

맨발로 달려 나오는 엄마가 보름달입니다
한복을 곱게 차려입은 아버지도 보름달입니다
오랜만에 만난 숙부 숙모 오빠 언니 형부 조카와 함께
거실 한복판을 비추는 나도 보름달입니다

온 집 안이 달빛입니다
부엌에서 반쪽이 된 올케만 반달입니다

2부

너의 꽃

엉겅퀴는 엉겅퀴꽃을 피우며 살아
제 몸에 가시가 돋아도 불평 없이
달개비는 달개비꽃을 피우며 살아
사람들이 잡초라고 뽑아 던져도

남들이 알아주지 않아도
척박한 땅에 살아도
너도 너의 꽃을 피우며 살아
가진 게 없는 빈손이라도

붓꽃

텅 빈 방에 홀로 앉아
한시를 쓰다 돌아가신 아버지
봄만 되면 꽃밭에 피어나
자꾸만 나를 쳐다보신다

걷겠습니다

오늘 하루 원망만 했으므로
나무를 보며 걷겠습니다
오늘 하루 웃지 않았으므로
해를 보며 또 걷겠습니다

한동안 용서하지 않았으므로
물소리를 들으며 걷겠습니다
오늘 하루 당신을 미워했기에
풀을 보며 또 걷겠습니다

걷겠습니다
나무처럼 원망하지 않고
해처럼 웃으며 걷겠습니다
물처럼 용서하고
풀처럼 감사하며 걷겠습니다

나밖에 모르는
내 이기심이 사라질 때까지
걷고 또 걷겠습니다

풀꽃에게 배우다

노란 코스모스를 닮은 금계국을 보며 걷다가
마음이 상쾌해진 아침
이 세상이 아름답다는 걸 알았다

엉겅퀴를 발견하고 풀숲에 멈추어 선 것도
뱀딸기와 토끼풀꽃 봄까치꽃의 얼굴을 본 것도
그때였다

하루하루 꽃밭이라는 걸 진작 알았더라면
힘들어도 다시 일어나 걸었겠다
쌀알 같은 시간들을 찌뿌둥한 얼굴로
아무렇게나 흘리고 다니지도 않았겠다

길모퉁이와 언덕에 지천으로 피어 있는
연약한 목숨들의 한순간
눈여겨보는 사람 없어도
갓 떠오른 태양처럼 뜨겁다

친정에 왔더니

엄마는 오늘도 나에게 돈을 주네
한집에 같이 사는 아들 며느리 몰래

만 원짜리 한 장을 꼬깃꼬깃 접어 손바닥 안에 감추고
내 옆구리를 툭 치네
순식간에 일어난 일 귀신도 모르네
방금 무슨 일이 있었는지

얼른 주머니에 넣으라고
눈을 깜박이는 엄마

지팡이 짚고 대문 밖까지 따라 나와
내 등을 또 툭 치네
밥 사 먹으라고 속삭이며
만 원짜리 한 장을 손에 꼭 쥐여 주네

준 건 다 잊어버리고 못 준 것만 생각하는
아흔세 살 우리 엄마
등이 활처럼 휘었네

어느 봄날

예민한 감정을 털어버리고
당신과 나 사이에 서 있는 벽을 생각합니다
마른 입술을 검게 다물었던 시간이 백년 같습니다

이제 한결 가벼워진 마음으로
가슴속에 뭉쳐 있던 어리석음도 훌훌 털어 버립니다
적막한 하늘에는 그리움이 구름으로 떠다니고
어디선가 시간을 쪼아 먹는 새소리가 들립니다
우리에게 오고 갔던 금이 간 말
그 틈으로 오해의 순간이 보입니다

그동안 당신과 나는 벽 하나를 두고
위험한 평화와 고인 물 같은 일상만 무성했습니다
신발이 어제를 털어내면 이제 신발을 신을 수 있을까요

봄기운이나 쐬고 싶어 열어놓은 창문으로
몇 방울 봄비가 파랗게 지나갑니다
벌써 치디친 빈 기지에 싹이 돋는 봄입니다

그리운 나의 집

나를 낳아 키워준 집
아직도 그을린 아궁이가 있고 먼지가 뿌연 툇마루가 있는 집
보고 싶을 때 내 가슴속에서 꺼내 보는 집

방마다 누에 뽕잎 갉아 먹는 소리가
빗소리처럼 사각사각 들리던 집
우물가에 쪼그려 앉아 달챙이숟가락으로 감자를 까던 집

뒷동산 밤나무에서 아람이 뚝뚝 떨어지는 소리 들으며
플래시 들고 뒷간에 가던 집
앉은뱅이책상에 밤늦도록 깍두기공책이 놓여 있던 집
아침에 일어나 앞 개울에서 낯을 씻고 입을 헹구고 학교에 가던 집

그러나 지금은 빈집
매화꽃 살구꽃 감꽃이 혼자 피고 지는 집

해마다 봄이 찾아오는
내 생애 가장 포근했던 그 집

새콤달콤한 상상

가만히 눈을 감고 사월의 벚꽃나무처럼 서서
보석 같은 별들이 빽빽하게 박힌 밤하늘을 상상한다
생각을 입안에 넣으니 새콤달콤하다

하늘을 향해 두 팔을 보자기처럼 펼치면
하늘나라의 보석 장수가 별들을 던져 줄 것만 같다
가슴이 콩닥콩닥 뛴다

눈부시게 아름다운 에메랄드 사파이어 다이아몬드
눈을 뜨면 친구들이 웃고 있을 것만 같다

상상을 끈다
오늘은 별이 몇 개나 나왔나
수많은 별들이 아파트와 빌딩 속으로 들어가
창문을 꼭꼭 걸어 잠그고 있다

도시의 텅 빈 밤하늘
빈집 같다

아버지

봄입니다
바람이 순합니다
추위에 갇혔던 사람들이 강가로 나왔습니다
물소리가 명랑해졌습니다
아버지
당신을 불러봅니다
떠난 지 오래지만
예나 지금이나 당신을 생각합니다
상봉동에서 인천까지 버스와 지하철을 갈아타며
김장 김치를 짊어지고 오시던 땀에 흠뻑 젖은 등
이삿날이 다가오면
며칠 전부터 딸네 집을 오가며
이삿짐을 싸주시던 다정한 모습
출산한 딸을 위해 잉어를 고아주시던 듬직한 손
비행기 한 번 못 타본 채 자식들만 껴안고 살다
배추밭을 물려주고 가신 무조건 내 편
맛있는 음식을 먹다가도 문득 떠오르는 얼굴
아버지
살아계실 땐 무서운 게 없었습니다
거센 파도가 밀려와도 떠밀리지 않았습니다

전업주부의 힘

남에게 내세울 게 없어도 괜찮다
내가 형편없다고 생각해 본 적이 없다
남보다 앞서지 않으면 어때
다 가졌지만 행복하지 못한 사람도 많다

빨래도 해야 하고 끼니마다 밥상도 차려야 하고
아이들을 키우면서 집안일을 하는 전업주부가
얼마나 중요한 일을 하고 있는지 나는 안다

아침에 출근하는 남편의 호주머니와 아이들 책가방에
밝은 햇살을 한 줌씩 넣어 보낸다

잘난 체하는 사람이 하나도 부럽지 않다는 걸
스스로 만족하면 평온하다는 걸
아이들의 웃는 모습을 보면 저절로 알게 된다

충분히 잘하고 있어
바로 오늘이 선물이야
내 몸엔 아직 제비꽃처럼 웃는 소녀와
억척스런 엄마가 살고 있다

〈
남들 시선에서 자유롭고
있는 그대로의 나를 사랑하는 나
낮에는 따듯한 햇볕을 등에 지고
마을을 한 바퀴나 돌았다

숲

숲속을 걸으니
나도 나무가 된 것 같네
어서 연초록 이파리를 매달아야겠네

새소리는 흥겹고 계곡 물소리는 한결 부드럽네
산봉우리까지 봄볕이 완연하네

참나무는 여전히 우람하게 자라
올해도 넓은 그늘을 내려놓겠네

칡넝쿨이 발목을 칭칭 감아도 봄은 넘어지지 않고
비탈길도 빠르게 올라가네

저 나뭇잎은 필터가 있어
탁한 공기를 맑게 갈아 끼우네

겨우내 사막 같은 내 마음이
초록초록 들판으로 변하고 있네

웅덩이

비가 그친 후 움푹 파인 웅덩이
하늘이 내려와 앉아 있다

지나가던 하얀 구름이 스며든다
햇빛이 드나들고 은행잎이 살랑거린다
지친 까치가 날아와 물을 마시며 쉬고 있다

지나가던 자동차 바퀴가 사정없이 그를 치며 달아나고
흙탕물이 사방에 흩어져도 그는 불평 한마디 없다

내 마음속 웅덩이엔 무엇이 스며 있을까
무엇이 드나들고 무엇이 살랑거릴까
지친 사람들이 와서 쉬고 간 적은 얼마나 있을까

내 마음속 웅덩이
무언가 골똘히 생각하는 눈치다

아까시아 숲

아까시아 숲이 있을 때 우리 동네는 참 가난했습니다
특별히 잘 사는 사람도 특별히 못사는 사람도 없었습니다
많이 배운 사람도 못 배운 사람도 별로 차이가 없었습니다
이웃들과 오순도순
콩 팥 감자 배추 무를 심느라 심심할 틈도 없었습니다

마을 한복판 오백 살이 넘은 느티나무 아래는
두 시간에 한 대씩 대처를 오가는 버스가 있어서 편했습니다
장마당 앞에는 우체국이 있어서 편지 쓰기에도 좋았습니다

그러나 숲을 밀어내고 아파트와 학원까지 들어선 지금
옛날에 비하면 참 부자입니다
이제 그만하면 학벌도 빵빵합니다
그런데도 나보다 잘사는 사람을 보면 속상해하고
나보다 많이 배운 사람을 보면 부러워합니다
이웃끼리 별로 오가지 않아 심심할 때가 많습니다

자가용이 있는데도 직장이 멀면 힘들다고 불평합니다
이제 누구도 편지를 쓰지 않습니다

아까시아 숲을 개발하지 말 걸 그랬습니다

부부

외딴 골짜기를 찾아가선
산새처럼 명랑하게 지저귀는 계곡물을 바라봅니다

주춤주춤 돌을 휘돌아
유유히 흐르는 물을 바라보다가
당신을 생각합니다

우리도 저 계곡물처럼 싸우지 말고 살아요
살다 보니 모난 돌이 되어 서로 밀어낼 때도 있었어요
고함소리에 가시가 섞여 당신을 찌를 때도 있었어요

그대로 마셔도 될 것 같은 저 맑은 물속엔
썩은 낙엽 더미와 페트병이 가라앉아 있어요
하지만 물은 그것들을 탓하지 않고 제 갈 길을 가요

언젠가 당신을 나무란 적도 있었지만
지금 생각해 보니 그건 다 제 탓이었어요

이제 더러운 물도 껴안아 주고
거친 파도도 품어주는 바다가 되어요

설악면 산골 친구

아무 때나 찾아가도 웃으며 달려 나왔다

친구와 나는 따사로운 햇살이 담긴 산과 들에서
쑥을 뜯고 두릅을 땄다
산 다람쥐 같은 이웃들이 아는 척을 했다

친구의 남편과 아들딸이 모두 가족 같아서
두레 밥상에 끼어 앉았다
나물 반찬밖에 없는데도
꽃처럼 활짝 웃었다

마당엔 풀벌레 소리 모여들고
툇마루와 닭장엔 달빛이 환했다
밤하늘에 빽빽한 별들과 머루알 같은 눈동자를 반짝거리며
새벽까지 이야기를 했다

친구 집인 걸 까맣게 잊은 채 늦잠을 자다가
참새들이 짹짹거리는 바람에
눈을 떴다
〈

아침 해가 방문 앞에까지 와서
아침밥이 늦었다고 성화를 부렸다

생각만 해도 꽃 같은 봄날이었다

잃어버린 날들

나 아들 장가보낼 때까지
엄마 아버지 마음 모르고 살았습니다

날마다 부모님은 내 얼굴 보고 싶었을 텐데요

아들이 떠난 텅 빈 방에 앉아
침대며 책상이며 흘리고 간 옷가지를 쓰다듬으며
얼마나 우셨을까요

전화 한 통도 없는
엄마 아버지 마음도 모르는 것이 뭐가 그리 보고 싶다고
내가 좋아하는 한우를 사 들고 아파트 앞에까지 오셨나요

며느리 눈치 보여 차마 들어오지는 못하고
이거 전해주러 왔다 하고는 아무렇지도 않은 척
발길을 돌리시던 부모님

죄송합니다
죄송합니다
그때 달려가서 붙잡지 못해 정말 죄송합니다

〈
이 나이 먹어서야
안 보이던 것들이 보입니다

하늘 아래 아파트

키 큰 그분은 가만히 서 있기만 해도 귀티가 나요
그네와 미끄럼틀을 놀이터에 풀어놓고
넓은 주차장을 우아하게 차려입었거든요
계딱지만 한 천장이 방바닥에 달라붙은
열다섯 평 다세대주택인 나와는 확실히 달라요
잡티 하나 없는 뽀얀 얼굴과 맑은 눈동자 그리고
햇살이 들락거리는 베란다엔 광채가 나지요
귀한 분이 우리 동네 사는 것이 좋아서 나는
매일 그 분을 올려다보아요
햇볕도 뒤돌아 나가는 좁은 골목에
30만 원짜리 중고차를 간신히 꾸겨 넣고요
남의 어깨너머 훔쳐보는 어두운 눈동자를
그분도 신기한 듯 매일 내려다보아요
매서운 바람에 종이처럼 얇은 홑창은 밤새 울고
무릎 연골이 닳은 보일러가 가쁜 숨을 몰아쉬던
뼛속까지 시린 새벽 참다못해 그분께 물었어요
어떻게 하면 당신처럼 될 수 있나요
그새 별 하나가 눈을 만쩍거렸이요

매화꽃

마당 가 매화꽃
찬바람에 살짝 볼이 얼었다

향기 주머니를 가진 꽃들
주머니 끈이 풀리면
온통 마당에 향기가 쏟아진다

향기를 아끼느라
매화꽃들이 언 손으로
주머니를 꼭꼭 싸매고 있다

3부

가족

저 벗나무 어깨에 참새들을 매달고
바람을 버티고 서 있다
어미 새와 아기 새들이 웃고 떠들며 밥을 먹을 수 있도록
그는 잔가지를 꼭 붙든다
오늘도 어린 새들이 팔에 매달려 장난을 친다
주저앉고 싶을 때도 있었다
새들이 지저귀는 소리에 장미 가시에 찔린 종아리가 아픈 줄도 몰랐다
푸른 하늘을 향해 두 팔을 벌린다
참새 가족이 행복할 수만 있다면
지나가는 구름에 부딪혀 이마가 멍들어도 좋고
몇 알 남지 않은 버찌를 다 쪼아 먹어도 좋다고 생각한다
가장 가까운 곳에서 맞이해 주고 가장 먼 곳까지 배웅해 줄 가족이 있어
늙은 벗나무는 해마다 꽃을 피운다
마디 굵은 손이 따듯하다

골목은 봄볕을 품고 있다

봄볕 아래 노인이 혼자 졸고 있다
꼬리를 하늘 쪽으로 올리고
담벼락 그림자를 따라 걸어가는 고양이와
새빨갛게 입술을 칠한 명자꽃을 희미하게 바라보던 굽은 등
기역자로 담벼락에 기댄 의자에 앉아 젖은 마음을 말린다
낡은 의자는 허물이 벗겨질 지경이다
가족들과 눈부시게 웃던 시간을 회상하는 걸까
붉게 짓무른 눈은
아이 손을 잡고 가는 젊은 부부를 물끄러미 바라본다
앞산이 마을을 한 바퀴 돌아오는 저녁이 될 때까지
골목을 서성이던 봄볕
이제 그만 빈집으로 돌아갈 시간이 되었다고
노인을 부축해 일으킨다

꽃

우리 동네엔 꽃이 많아
그래서 다들 부러워해

이른 봄 제일 먼저 피는 꽃은 산운초등학교 매화꽃
운중천 가에 산수유꽃과 목련꽃까지 피면
우리 동네는 환한 봄이야

개나리꽃 벚꽃 조팝꽃이 달려 나와 꽃망울을 터트리고
철쭉까지 빨갛게 몰려오면 눈이 부셔
장미 다리 건너 파출소 앞엔 무궁화꽃도 많아

꽃 피기 전엔 정말 몰랐어
꽃보다 더 아름다운 사람들이 산다는 걸
노인을 부축해 가는 청년 휠체어를 미는 사람
독거노인을 방문하는 아줌마

우리 동네엔 꽃보다 아름다운 사람들이 살아
그래서 사철 꽃이 피어

동그라미

남이 싫어하는 말을 아무렇지도 않게 툭툭했습니다
그러나 내가 듣기 싫어하는 말에는 눈을 흘겼습니다
잘 난 체 충고를 잘하는 사람에겐 화를 냈습니다

나를 좋아하지 않는 사람은 싫어했습니다
나에게 인색한 사람은 멀리했습니다
내가 준 만큼 받아야 하므로
내 머릿속은 계산하느라 복잡했습니다

그러나 시를 읽고부터

남이 싫어하는 말은 듣기 좋게 돌려서 하고
내가 듣기 싫어하는 말에는 적당히 웃어넘기고
잘난 체 충고를 잘하는 사람에게도 화내지 않았습니다

나를 좋아하지 않는 사람에겐 더 잘하고
나에게 인색한 사람에겐 더 많이 베풀고
준 만큼 받을 생각도 안 하니 계산할 일이 없어
내 머릿속이 맑아졌습니다

〈
세상을 동그랗게 바라보니 참 편안해졌습니다

나를 다시 들판에 풀어놓아도 될까요

들판에 풀어놓은 시골 토종이에요
그래서 발가락 하나 묶이지 않고 마음껏 뛰어다녔어요

들에는 먹을 것이 많아요
상추 쑥갓 들깨 참깨 배추 무 옥수수 고구마를 마음껏 먹고 살았어요
덕분에 내 몸엔 활기가 넘쳤죠

햇볕만 따라다녀서 얼굴도 밝았어요
풀밭에 서 있을 땐 얼마나 빛깔이 고왔는지 아세요
바람만 불면 동네 미루나무들이 앞다투어 휘파람을 불었어요

그러나 지금은
닭장 같은 아파트에 묶여 마음껏 뛰지도 못해요
아스팔트엔 소음 말고는 먹을 게 없어서
햄버거 피자 통닭 컵라면 핫도그 삼각김밥을 사료처럼 먹고 살아요
그래서 내 몸엔 활기가 없죠

돈만 따라다녀서 얼굴도 어두워요

마음에 빛깔이 얼마나 바랬는지 아세요
먼 곳에 있는 미루나무들이 바람 분다고 앞다투어 휘파람을 불까요

나를 다시 들판에 풀어놓아도 될까요

나무에게 배우다

사람은 입으로 가르치려 들지만
나무는 말없이 하늘을 향해 잎을 펼친다

사람은 나무를 뙤약볕에 세워두고
양산을 받쳐 쓰지만
나무는 뙤약볕에 서서
사람에게 시원한 그늘을 내어준다

사람은 넓은 땅을 가지기를 원하지만
나무는 꼭 필요한 만큼 땅을 차지하고
적당한 거리에서 어울려 산다
그리고 고요히 해 달 별을 바라볼 뿐

이제야 나는 내 어리석음을 깨달아
말 많고 욕심 많은 세상을 향해
묵묵히 팔을 뻗는 나무가
왜 아름다운지 알게 되었다

혜숙 할아버지네 툇마루

혜숙 할아버지네 툇마루
처마가 넓은 그 툇마루에 앉아 있으면
비가 와도 어깨가 젖지 않네

바람에 날리는 야윈 꽃들이 손을 꼭 잡고 앉았다 가고
툭하면 소나무 가지에 걸려 넘어지는 새털구름도 쉬었다 가고
지나가던 햇살도 놀다 가네

할아버지는 혜숙이와 단둘이 살고
나는 혼자서 자취를 하네
어깨가 축 처져 책가방을 들고 그 집 앞을 지날 때면
밥 먹고 가라고 툇마루에서 할아버지가 나를 부르네

반찬이라곤 양파 조림 하나 깍두기 하나
달빛처럼 환하게 모여 앉아 맛있게 먹네
내 마음은 앞 개울처럼 맑게 흘러서
물풀과 돌멩이들이 짜그락거리네

기분이 답답하고 꽉 막혔을 때도 툇마루 생각만 하면
내 마음이 맑게 흐르네

싸리나무 울타리

얼굴에 밥풀이 묻은 우리 집 싸리나무와
옆집 목련나무를 비교하는 순간
밥을 먹다 말고 갑자기 마음이 울퉁불퉁해졌습니다

옆집 목련나무는 저렇게 우아한데
우리 집 싸리나무는 왜 이리 촌티가 날까요

똑같은 나무인데 어쩌면 이렇게 다를까
옆집 여자는 어떻게 저런 나무와 결혼했을까 생각하며
그 집 마당을 바라보는데

옆집 여자가 다가와 부러운 듯 인사를 하네요
싸리나무 울타리가 있어서 참 좋겠습니다

어리둥절한 얼굴로 옆집 목련나무와
우리 집 싸리나무를 바라보았습니다

자세히 보니

목련나무는 자꾸만 마당에 코를 패-앵 풀어 버리는데

얼굴에 꽃잎을 다닥다닥 붙이고 서 있는 싸리나무는
정말 사랑스러웠습니다

나는 왜 우리 집 울타리를 이제야 본 걸까요

엄마

딸네 집에 다니러 온 엄마
초저녁부터 졸고 있네

그 좋아하는 연속극도 못 보고
텔레비전 앞에서 코를 드렁드렁
시든 나팔꽃 같네

엄마는 오늘도 몸 약한 딸 대신 외손자 업고
철 지난 이불들 꺼내 발로 밟아서 빨았네
베란다에서 썩고 있는 마늘 한 접도 다 깠네

종일 일만 한 엄마
초저녁부터 꾸벅꾸벅 조네
딸네 집이 떠나가라 코골이 하네

여행

구름의 가장자리가 구부러지면
기차가 와서 나를 싣고 간다

혼자 생각하기 좋은 때

창가에 앉은 나를 바라보는
깍두기공책처럼 반듯한 들판의 논들
고향처럼 반가운 얼굴이다
경운기가 끌고 가는 반듯한 시골길도 미소를 짓고
강둑에 반듯하게 서 있는 미루나무들도
쉬지 않고 손을 흔든다

자연의 순정한 눈빛과 마주치는 동안
구름의 가장자리가 반듯해진다

연못 안 참개구리들

우리 동네 연못엔 참개구리 가족이 사는데요
오늘이 암개구리 생일인가 봐요
숫개구리가 미역국도 안 끓였냐고 암개구리에게 물방울을 튕기네요
발끈한 암컷도 내 생일 미역국을 내가 끓이냐고 물방울을 튕기네요
수컷이 그럼 누가 끓이냐고 팔짝 뛰네요

어이가 없어 입을 다물지 못하던 암컷이
그럼 당신 생일날은 누가 미역국 끓였냐고 왕방울 눈으로 쳐다보네요
흠칫한 수컷도 남자와 여자가 같냐고 왕방울 눈으로 쳐다보네요

뿔다귀가 난 암컷이 연못 밖 세상을 너무 모른다고 방방 뛰니까
왕사마귀를 먹던 수컷도
여자들 중에 자기 생일 미역국을 자기가 안 끓여 먹는 개구리가
이 세상에 어디 있냐고 방방 뛰네요

그러자 눈치를 살피던 올챙이 학교 선생님인 아들이
잽싸게 무당거미를 내미네요
올챙이학교 보긴 선생님인 딸도 웃으며 검은물잠자리를 내미네요
숫개구리 물종지 가슴에서도 멋쩍은 듯 푸른부전나비가 나오네요
선물 보따리에 암개구리 입이 봉투처럼 찢어지네요

〈
참개구리 가족이 개굴개굴 주고받는 소리를 연못가 소나무가 뾰족한 바늘귀로 엿듣고 있네요

그때

손재주가 좋은 엄마는
재봉틀 앞에만 앉으면 뚝딱 옷 한 벌을 만들었다
입기만 하면 예뻐지는 신기한 옷이었다
엄마가 만들어준 원피스를 입은 나는
꽃으로 활짝 피어나 풀 언덕을 깡충거렸다
어찌 저리 예쁜 아이가 있을까
날아가는 참새들 입방아에 으쓱하였다

이 세상에 한 벌밖에 없는 신기한 옷
그 옷만 입으면 콧노래가 흘렀고
해맑은 웃음이 쏟아졌다
앞 개울 시냇물도 내 마음을 빤히 안다는 듯
졸졸 흘렀고
꽃잎같이 예쁜 소녀는 긴 머리를 나풀거리며
하얀 발을 닦았다

세상은 아름다웠고 일곱 살 나는
엄마가 전부었다

꽃을 보며

오늘은 다 내려놓고
꽃만 보면 행복하다

너무 아름다운 꽃들
내가 좋아하는 사람들이
다 거기에 있다

백일홍 채송화 맨드라미
오랜 친구처럼 반가운 얼굴
봉선화 원추리 수국
돌아서면 또 보고 싶은 얼굴

한없이 아름다운 세상
사랑하는 사람들
너무 좋아서 웃고 또 웃는다

머리카락도 안 보인다

여우비가 한차례 마당을 밟고 지나간 뒤
굴뚝새가 갓 핀 햇살을 물고 왔다

아이들이 뛰어놀기 좋은 때
창문을 활짝 열고 밖을 내다본다 동네가 텅 비었다
이 집 저 집 기웃거리던 굴뚝새는
앞집 대문 앞에 햇살을 놓고 갔다

이런 날은
아버지가 마당에 심은 무궁화나무가 생각난다
몰래 다가가 무궁화꽃을 오므려 벌을 잡던
찢어진 고무신들은 어디에 꼭꼭 숨었을까
무궁화꽃이 피었습니다 외치던 술래들은
어디를 헤매고 있을까
등에 업혀 있던 그 많은 아기들은 또
어디로 흔적도 없이 사라졌을까

머리카락도 안 보인다

딸

장미꽃을 한 아름 사 안고
집에 왔습니다
시집간 딸이 와 있는 것처럼 집 안이 환합니다

그동안 다녀간 햇살이
꽃 이파리를 물들였을 거라고 생각하며
꽃병에 꽃을 꽂았습니다

허전하던 식탁이 이제
자리를 잡았습니다.

애지중지 키운 꽃을 떠나보낼 때 나무는
얼마나 슬펐을까요

엄마 품에 꼭 안겨 떨어지지 않던 우리 딸도
시집이라는 곳에 뿌리를 내리고
행복하게 웃고 있겠지요
꽃처럼 살고 있겠지요

봄

내 마음 겨울 끝자락에도 봄이 왔다
붉은 태양이 안개를 밀치고 오듯이
굽이 낮은 당신은 나의 안식처
나를 걷게 하는 편안한 신발

이 세상 키 큰 꽃들 사이에 섞여 살다 보니
내 눈은 어느새 키 큰 꽃들만 바라보고 있었다
그래서 봄은 기다려도 오지 않았고
마음은 너무 추웠다

언제부턴가 키 작은 꽃에도 눈을 맞추자
털목도리처럼 따듯한 봄이 왔다
얼어 있던 마음이 풀리기 시작했다

북한강에서

공부는 안하고 놀 궁리만 하던 여학생들
수업만 끝나면 총각 선생님 등을 떠밀며
북한강에 놀러 왔다

흰 칼라의 단발머리들은 강가에서 졸고 있던 나룻배를 타고
참외가 노랗게 익은 모 시인의 별장 정원에서 놀았다

총각 선생님은 땀을 뻘뻘 흘리며 노를 젓고
참새 같은 여학생들은 지치지도 않고 노래를 불렀다

보트가 지나갈 때마다 배가 뒤집힐 것 같았지만
강물 가득 개밥바라기별이 떠오를 때까지
무서운 줄도 몰랐다

새소리 바람 소리만 들어도
까르르 웃음이 터질 때였다

약속

봄은 다시 돌아올 것을 믿어
그것은 약속이야
나는 그 약속을 붙잡고 견딜 수 있어
시들어 떨어져 땅바닥에 뒹굴어도
누군가에게 짓밟혀 어깨뼈가 부서져도
반드시 뿌리로 돌아갈 거야
그리고 봄에 다시 나무를 타고 오를 거야

잎이 다 떨어진 플라타너스 길을 걷다가
낙엽들이 발밑에서 바스락바스락
속삭이는 소리를 들었다

쑥개떡

20개월 된 우리 손녀 초롱이
쑥개떡을 먹는다
외할머니가 봄 들녘에 나가 뜯어온 쑥
손자국이 파릇파릇 난 쑥개떡

쑥처럼 쑥쑥 자라라고
팥알만큼씩 떼어 먹인다
냠냠냠 꼴깍
냠냠냠 꼴깍

마주 앉은 할머니와
신난다 신난다
좋아 죽는다

4부

물

나도 물이 될 수 있을까

산이 막으면 돌아가고
큰 바위를 만나면 몸을 나누어 지나가는 계곡물같이

웅덩이를 만나면 제자리에 주저앉아
하늘을 보듬어 주는 도랑물같이

높은 곳으로 흐르려는 욕심이 없어
낮은 곳으로만 흐르는 시냇물같이

계곡물 도랑물 시냇물을 다 받아주는 바다같이

목마르고 허물 많은 사람에게 기꺼이 달려갈 수 있는
그런 물이 될 수 있을까

나는 그녀가 읽어주기를 기다리는 사람 같아요

사랑하는 그녀에게 결혼하자는 말을 나는 왜 못할까요
내가 말 못 하는 이유를 그녀는 알까요
마른 입술을 깊게 닫고 귀도 없는 천변이나 걷는 마음을 누가 알까요

잔뜩 웅크린 어깨를 보며 훌쩍이는 개울과
그런 개울을 지켜보며 침묵만 무성하게 키우는 아까시나무는 오죽할까요

말 못 하는 들국화꽃 붉은 조팝꽃처럼 나도
맥없이 사람 구경이나 하며 땅바닥에 주저앉아 있을까요
생기 잃은 손발 다 내려놓고
갈대숲을 흔드는 바람에 내 안의 쌓인 근심을 날려버릴까요

이 젊은 나이에 천둥 번개 땡볕 다 겪었어요
일개미로 살면서 단벌옷과 두 켤레의 구두로 살았는데요
사랑하는 그녀와 결혼하기엔 턱없이 부족해요

내세울 수 있는 건
저녁마다 형광등 밑 낡은 책상에 엎드려 써 내려간

그녀를 향한 사랑책 백 권이 전부에요

나는 그녀가 읽어주기를 기다리는 사람 같아요

내가 사는 법

마당 넓은 이층집이 아니어도 괜찮습니다
마당 좁은 다세대주택에서도 채송화꽃처럼 웃는 가족들
이런 가족들이 나에겐 세상에서 제일 좋은 집입니다

명품 백을 못 들어도 괜찮습니다
아무 때나 전화해도 웃으며 맞장구치는 친구
이런 친구가 나에겐
세상에서 제일 좋은 명품 백 같은 친구입니다

아무도 몰래 눈물 한 방울 뚝 떨어트리며
보호자도 없이 수술실로 들어가는 사람을 보았습니다
그때 깨달았습니다
세상에서 제일 소중한 게 무엇인지

감사합니다
날마다 웃으며 밥을 먹을 수 있는 가족이 있어서
언제나 내 얘기를 들어주는 친구가 있어서

꽃이 필 때나 꽃이 질 때나
아름다운 사람들과 함께합니다

〈
나에겐 사람이 가장 소중합니다

예쁜 여자만 좋아하는 아들아

뒷동산엔 못생긴 여자 아까시나무와 결혼한
키 크고 잘생긴 남자 소나무가 산단다
여자는 우아하지도 않고 가시까지 달린 아주 볼품없는 나무
오죽하면 단독주택과 소개팅을 하면 번번이 퇴짜를 맞았을까

지나가던 길고양이도 안 쳐다보는 여자와
수많은 아파트와 단독주택에 둘러싸여 있던 저 남자는 왜 결혼했을까
깎아 놓은 밤톨처럼 잘생긴 소나무가
황폐한 땅 비탈진 곳에서도 잘 자라는 아까시나무에 반한 걸까

둘은 얼마나 사이가 좋은지
뒷동산 신혼집에서 아까시꽃 향기와 송홧가루가 폴폴 날린단다
그리고 양가 가족들과도 친해서
직박구리 엄마 아빠 까치 장인 장모
웃음소리가 끝이 없단다

예쁜 구석이라고는 찾아볼 수 없는 아까시나무에
어쩌면 저렇게 예쁜 구석이 많을까
남자를 바라보는 여자의 눈에선

오늘도 꿀이 뚝뚝 떨어진단다

행복이 무엇인지도 모르고
예쁜 여자하고만 결혼하고 싶어 하는 아들아

봉숭아꽃과 강아지풀

밤새 비바람이 지나간 아침
활짝 갠 날씨에 봉숭아꽃밭으로 달려 나간다
애지중지하던 봉숭아꽃밭이 처참하다
땅바닥에 누운 꽃들 여기저기 울음소리가 새어 나온다

아무도 눈여겨보지 않는 꽃밭 주변 강아지풀들은
오히려 키가 한 뼘이나 더 자라
아침햇살에 젖은 몸을 말리며 웃는다

부잣집 외동딸처럼 수돗물을 먹고 자란 양귀비꽃들은 무너지고
밖에서 빗물을 받아먹고 자란 강아지풀들은 멀쩡하다

아무렇게나 자란 강아지풀
근심 없이 맑은 하늘을 바라본다

어디로 사라졌을까

할머니가 돌보는 앞집 아이는 병아리를 키운다
병아리 한 마리가 담긴 커다란 과자 상자를 대문 앞에 꺼내 놓고
매일 들여다본다
내가 가까이 가면 손바닥 위에 병아리를 올려놓고
삐악삐악 웃는다

자동 부화기에서 태어난 병아리는 앞집 아이가
엄마인 줄 안다
마당에 풀어놓으면 졸졸 따라다니며
아이가 주는 바나나킥을 콕콕 쪼아 먹고 삐악삐악 웃는다

아이들과 함께 자전거 바퀴 소리 줄넘기 소리로 활기차던
엄마들은 어디로 갔을까
병아리를 거느리고 의젓하게 마당을 활보하던
닭들은 또 어디로 사라졌을까

오늘 내가 잘한 일

심심해서 친구를 만났다
집에만 있으면 몸과 마음이 병들 것 같아

친구를 만나 얼굴에 땀구멍까지 들여다보며
왜 이렇게 기미가 많아
주름도 많이 생겼네
피부과 좀 가봐 그렇게 말하지 않고

하늘이 파랗다 참 좋은 날씨야
오다가 보니 덩굴장미가 많이 피었더라
너 만날 생각에 막 달려왔어 못 본 새 더 예뻐졌다
방긋방긋 웃다 보니

외로워서 병들 것만 같던 몸과 마음이 편안해졌다

오늘 내가 제일 잘한 일이다

잔잔한 풀밭 같은 한낮

청평에 내려와
버스터미널에서 사이다와 부라보콘을 먹는다

설악면에서 수력발전소를 건너온 버스가
청평 터미널에서 서울 가는 손님을 태우느라 잠시 멈춘 사이
동네 오빠가 숨차게 달려와 차창을 두드리며 건네준 사이다와 부라보콘
그 고등학교 여름방학이 생각난다

그동안 비포장도로는 아스팔트로 바뀌고
두 시간에 한 대밖에 없던 버스도 많아졌다

오가는 사람은 많은데
부라보콘을 건네주던 동네 오빠는 보이지 않는다

가슴을 톡 쏘던 사이다 맛과
짝사랑처럼 달콤하던 부라보콘은 그대로다

정신없이 바쁘게 살다가도 가끔 이런 청평역이 생각난다
모락모락 떠오르는 청평역은 아직도 청춘이다

볕 좋은 날

들창 너머 흰 구름 한 송이 침묵으로 뭉쳐 있다
입 꼭 다물고 시계추처럼 거실만 오가던 나는

케이크 하나 사 들고 마당 넓은 공작단풍나무 집에 가서
커피나 마시고 올까
공작단풍처럼 우아한 그 집 여자와
우아하게 하루를 탕진해 버릴까 궁리하다가 문득

수국같이 웃으며 밥상 앞에서 숟가락을 내밀던
나의 옛 동네 사람들을 생각한다
해는 아직 길고 신발이 잡아끄는 대로 밖으로 나온다

아무 때나 빈손으로 불쑥 찾아가도
불편한 기색 하나 없는 운중천이 오늘도 의자를 내밀며
맑은 물소리로 반긴다

운중천 변 대문 활짝 열어놓은
달개비꽃 세비꽃 애기똥풀꽃이
마음씨 좋은 시골 아낙처럼 웃는다
벚나무 아래 꼬리를 흔드는 강아지풀도 순진한 표정이다

〈
우아함은 어느새 멀리 가고
나는 시골 아낙처럼 길섶에 앉아 있다

삼월의 흙

봄비가 들판을 촉촉하게 적시고 지나가자
개울가 수양버들 머리카락이 치렁치렁 늘어졌네
초록빛 햇살이 마늘밭에 사뿐히 내려앉네
숙자 언니 손에 들린 상추 모종이 텃밭으로 달려오고
이 세상 초록들 다 흙으로 몰려오고 있네

햇살처럼 웃으며 흙을 밟고 뛰어다니는 동네 아이들
사람보다 나무가 더 많은 동네
우리 집 사철나무 울타리의 맨 종아리도 초록이네

아무리 살펴보아도 초록을 품어줄 품은
엄마 품속 같은 흙뿐이네

푸른 언덕

나물 뜯던 언덕에
애기똥풀꽃 메꽃 달개비꽃 피었다

청개구리 여치는 폴짝폴짝
방아깨비는 끄덕끄덕

곤충과 풀꽃들이
다정하게 살아가는 고향 들녘

비 오듯 쏟아지는 저 별빛이 사라지면
이들은 모두 어디로 갈까

아직은 살 만하다고 여치가
밤새 울고 있다

어른이 된 이후

나는 무척 바쁘다

참새들이 벚나무 가지에 다닥다닥 붙어 수다를 떨든
연초록 이파리에 햇살이 빛나든
넓은 보폭으로 앞만 보고 걷는다

시냇가 미루나무 풀숲에 제비꽃들이
날마다 나를 쳐다보고 있는 것도 까맣게 잊은 채

아는 척도 안 하고 지나갈 때마다 저 꽃과 나무는
얼마나 서운했을까

어렸을 적 밤하늘 북극성과 북두칠성은 잘 있을까

아이였을 때는 바쁜 일이 없어서
시냇가 미루나무 풀숲의 제비꽃들과 무척 친했다

오늘은 나에게 미안한 마음 한 송이가
구름으로 피어 있다

말의 힘

정직한 말을 했더니 내가 정직해졌고
겸손한 말을 했더니 내가 겸손해졌네

희망적인 말을 했더니 내게 희망이 생겼고
밝은 말을 했더니 내가 밝아졌네

거짓말을 했더니
내 마음이 어두워졌네

말하는 대로 되는 게 너무 신기해서

행복한 말을 입에 달고 살았더니
내가 정말 행복해졌네

오월 어느 날

오늘같이 꽃이 많이 핀 날은
내 마음도 환하네

어서 풀밭으로 나가 제비꽃도 만나고
민들레꽃과 이야기도 해야지

달개비꽃 씀바귀꽃 냉이꽃 모두
나를 위해 핀 것 같네

정말 아름다운 세상

나도 언젠가는 누군가를 위해
꽃을 피워야겠네

너에게 받은 사랑을 나눠야겠다

친구야 네 생각이 난다
자꾸만 네 생각이 난다

설악중학교 다닐 때
우린 단짝이었지 착한 너는
혼자 자취하던 내가 급체로 쓰러져 119에 실려 갈 때
엉엉 울면서 병원까지 따라왔지
방구석에 꼬깃꼬깃 감춰둔 내 빨랫감 다 끄집어내어
찬물에 꽁꽁 언 손 비벼가며 다 빨아주었지

가장 어두운 날, 빛을 주고
최고의 기쁨을 준 친구야

툭하면 내 자취방에 와서 자고 가고
툭하면 너네 집에 데려가 먹여주고 재워주고
그땐 참 행복했다
혼자여도 슬프지 않았다

지금 나는 신발을 신는다
너에게 받은 사랑을
이 세상에 나눠 주려고

나에게 별

나는 햇볕처럼 따듯합니다
그대가 내 허물을 감싸주기에
나는 별처럼 밝습니다
내가 웃을 수 있는 건
늘 변하지 않는
그대가 있기 때문입니다

머리끝부터 발끝까지 그대를 기억합니다
곱슬머리 긴 손가락 나를 바라보는 맑은 눈
그대는 나의 모든 것입니다

어쩌다 화를 내도
어쩌다 심술을 부려도
너무 잘해 주지 않아도

그대만 있으면
내 몸 구석구석이 환해집니다

다정한 사이

우리 집과 옆집 사이
사철나무 울타리를 없애버렸어요
이제 한 식구처럼
마당을 같이 쓰는 사이가 되었어요

네 집 내 집 구분 없이 왔다 갔다
옆집 블루베리를 우리가 마음대로 따먹고
우리 집 그네를 옆집 사람들이 마음대로 타고 노는
웃음소리가 뛰어다녀요

우리가 집을 비운 사이 비가 오면
옆집이 우리 집 빨래를 걷어주고
옆집이 집을 비우면
우리가 옆집 우편물을 받아주는
다정한 사이가 되었어요

반품

나는 또 옷을 샀다
너무 외로워서
이 옷이 내 마음에 들 줄 알았다
벽에 걸어놓고 며칠 살펴보니 나와는 너무 안 맞았다
그래서 일주일도 안 돼 반품을 했다
옷을 고르는 일은 사람을 사귀는 일처럼 힘들다
몇 시간을 발품 팔며 겨우 찾은 하얀 블라우스
돌아와 옷걸이에 걸어놓고 곰곰이 살피니
속이 환히 비쳐 나에게 안 어울린다
빨간색 튀는 원피스 신축성 없는 청바지
이런저런 핑계로 내가 반품한 옷들이 얼마나 많을까
누군가에게 잘못하고 혼자 걷는 산책길
살아갈수록 그동안 반품한 사람들이 하나둘 생각난다

어두운 기억

어둠이 밀려와 마을을 통째로 삼켜버리면
툇마루에 앉아 엄마 생각을 하던 나는 겁 많은 소녀였다
그 툇마루에서 바라보면 밤나무 숲이 우거진 뒷동산이 보였다
비바람이 몰아칠 때마다 밤나무 울음소리가 들리던 뒷동산

사방을 둘러보아도 보이는 건 풀과 나무뿐이었다
지친 몸은 댓돌 밑에 가녀린 채송화꽃처럼 키가 자라지 않았고
눈물 마를 새 없던 얼굴은 웃는 법을 잊었다

세차게 쏟아지는 장대비에
뒷동산 밤나무 숲이 우르릉 쾅쾅 천둥처럼 울던 날
툇마루에 앉아 있던 나도 손등으로 눈물을 훔치며 후드득후드득
울었다

엄마를 부르는 소리는 빗소리에 묻혀 허공으로 흩어지고
끼니를 거른 나는 돌멩이처럼 혼자 있는 법을 배웠다

식구들은 서울로 떠나고
산골에서 혼자 자취하던 소녀시절이었다